Les 5 sens

Le pirate

Le lit

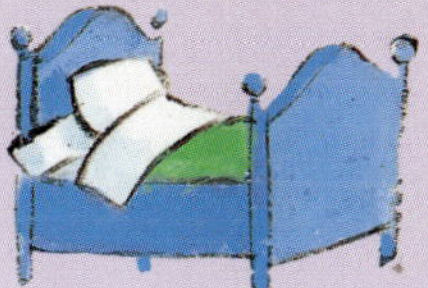

Noël

Le nain et le géant

Le pâtissier

Le magasin

Le lion

Le chat

L'avion

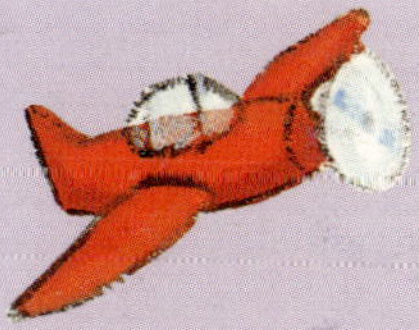

Le camping

Le manège

Le poney

La piscine

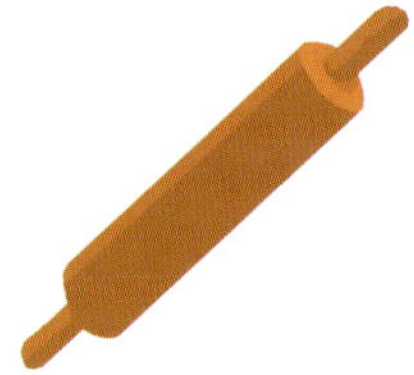

Ce livre appartient à

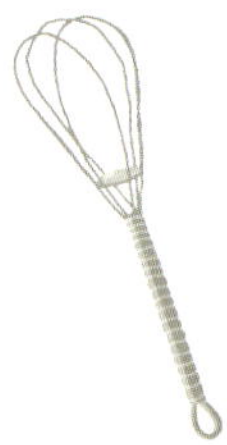

Comité de direction :
Bernard Canetti (directeur de la publication),
Gérard Worms (conseiller à la rédaction),
Marie-Françoise Kerhuel (conseiller à la rédaction).

Avec la participation de Marlène Jobert

Direction de collection : Bernadette Costa-Prades
Auteur : Valérie Guidoux - Jeux : Isabelle Gravillon
Conception et réalisation : Opixido
Illustrations : Marianne Dupuy-Sauze
Réalisation et composition musicale : J.F. Leroux/Studio Tigrune
Paroles de la comptine : Marie Asco

SAS au capital de 15 000 000 €. RCS EVREUX B 693 650 137

Imprimé en Chine - Dépôt légal : Septembre 2004
ISBN 2-7312-2930-6

BIENTÔT, JE LIS

avec Marlène Jobert

Le pâtissier qui fait des merveilles

beignet

Dans le pays de cette histoire, il n'existe qu'une seule
sorte de gâteaux : ce sont des beignets
que l'on appelle des merveilles. Quel joli nom, hein

pâtissier

Lucas le pâtissier les fait très bien
Depuis toujours son père et son grand-père
régalaient tout le village avec ces gâteaux..
Alors, pourquoi changer ? Ils sont si bons... **Ah ! Hum**
Chaque matin, il prépare la pâte, l'étale et la découpe
en forme de cœurs, de carrés, d'étoiles, de soleils..
Puis, il les fait cuire, et, à l'heure du goûter
il parcourt les rues en criant

– Qui veut des merveilles, qui veut des merveilles ?

Et hop ! il se trouve très vite entouré d'une ribambelle
de gourmands. Il en vend beaucoup
et sa vie est confortable et belle

auberge
Chapeaux

Presque tout à fait belle,
car, voilà,
Lucas est amoureux de Charlotte…
C'est la plus jolie jeune fille du village.

Elle aime courir après les papillons,

Elle aime danser le rock sous la lune,
Elle aime cueillir les cerises et chercher les **mûres**,
Elle aime faire des ricochets sur la rivière,
Et elle aime beaucoup, beaucoup Lucas,
mais voilà…
elle déteste les merveilles !
– **Pfff !** c'est pas bon
et puis c'est toujours pareil !
lui dit-elle.

rouleau à pâtisserie

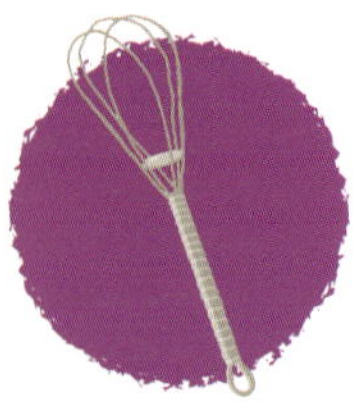

fouet

– Eh bien ! dès aujourd'hui,
ça va changer, décide Lucas.

Et chaque nuit,
après avoir rangé ses bols,
son rouleau à pâtisserie,
son fouet et son sucre vanillé,
il part se promener à la recherche d'une idée
pour inventer de nouveaux gâteaux.
Il emporte des merveilles plein ses poches :
comme ça, s'il rencontre quelqu'un,
il pourra les échanger contre des idées.

cook
choc

La première nuit, Lucas rencontre
un gros chat gourmand
– Donne-moi un gâteau, dit le cha
qui sait que Lucas est un bon pâtissier
– D'accord, mais toi,
en échange donne-moi une idée, dit Lucas
Le chat réfléchit et, de sa voix toute rouillée,
il chante une petite chanson

« *Miaouou… Ça râpe et c'est doux…*
Miaouou… Ça ramasse tout… Miaouou..
C'est ma langue de matou ! C'est ma langue de chat ! »
Bravo et merci ! dit Lucas

Ta chanson m'a donné une idée, et une fameuse idée
Il offre une merveille au matou

puis il rentre chez lui et fabrique aussitôt un **biscuit.**
Qu'il appellera… devine quoi ? La « langue de chat ».
Au goûter, les gourmands sont très étonnés.

tarte aux pommes

La deuxième nuit, Lucas se couche sous un pommier

Et ploc ! ploc, ploc, ploc

que lui tombe t-il sur la tête ?

Une pluie de pommes

– Aïe, ouille ! crie Lucas

Mais, en voyant rouler les pommes, il pense

– En voilà une autre

Il voulait dire une autre idée

Et il range les fruits dans son sac

De retour chez lui, il les découpe

et les dispose sur une pâte

Ainsi est née, devine quoi ?

la toute première **tarte aux pommes**

Au goûter, les gourmands sont hum ! drôlement contents

La troisième nuit, Lucas marche au clair de lune,
chatouillé par un vent frais.

La tête en l'air, il admire le ciel étoilé
et voit passer tout un troupeau
de petits nuages blancs qui gambadent
comme des moutons dans le ciel.
- Mmmm, très appétissant... dit Lucas.
Et, en observant le ciel, il se dit :
- En voilà une autre !
Il voulait dire une troisième idée !

Vite, vite, il rentre chez lui et se met
à battre de la crème chantilly.
Il s'en sert pour farcir six douzaines
de choux à la crème aussi ronds
et légers que les nuages dans la nuit.
Au goûter, les gourmands sont...
mais sont... éblouis.

toque

moule

charlotte aux fraises des bois

La quatrième nuit, Lucas trouve des fraises des bois
Il en cueille un peu par-ci, un peu par-là
puis il s'assied contre un arbre pour grignoter..
et vlouf ! oh ! un écureuil dégringol
sur sa belle toque de pâtissier : elle est à préser
toute ratatinée ! Mais en la regardant, Lucas se dit
– En voilà une autre
il voulait dire une quatrième idée

De retour chez lui, il se sert de sa toque tout
cabossée pour faire un moule. Puis, il invent
cette fois un joli gâteau qu'il appelle, devine quoi
la charlotte aux fraises des bois
Au goûter, les gourmand
s'en lèchent les doigts.

La cinquième nuit, Charlotte accourt
à la rencontre de Lucas, un filet à papillons à la main :
– Regarde, moi aussi, j'ai une merveille pour toi.

chocolat

Et elle lui offre un papillon de nuit.
Ses belles ailes sont colorées
comme l'arc-en-ciel, et sur le dessous
elles sont de couleur marron chocolat.
– Oh, comme c'est joli ! Merci…
Et, en attrapant le filet, Lucas se dit :
– Alors là ! en voilà une autre !
Il voulait dire une cinquième idée !

Il rentre ensuite chez lui avec le papillon.
Et le lendemain, sur son nouveau gâteau
au chocolat, devine ce qu'il a dessiné ?
Des ailes de papillon avec du sucre de toutes les couleurs.
Au goûter, les gourmands sont **hum ! ah !**
out émerveillés, et Charlotte,
elle, est très fière de son pâtissier.

pièce montée

La sixième nuit… devine quoi ?
Lucas est dans sa cuisine, et que fait-il cette fois ?
Un énorme gâteau qui s'appelle
une **pièce montée**.

Mais quelle fête prépare t-on ?

Demain, Lucas se marie avec Charlotte
et des centaines de gourmands sont invités.
Après-demain, il ouvrira une grande pâtisserie
avec tous les gâteaux qu'il a inventé.
et tous ceux qu'il inventera encore…

Et pour sa nouvelle boutique
il a trouvé un nom charmant
« Au paradis des gourmands »

ÉCOUTE ET JOUE

1 Plage 12

Quel désordre !

La cuisine de Lucas est sens dessus dessous.
Aide-le à ranger et à enlever les 3 objets qui n'ont rien à faire ici !

Réponses : Lucas doit enlever de sa cuisine le tournevis, la boîte à clous et le marteau.

2 Plage 13

Petit gourmand

Si tu es très gourmand, tu connais sûrement le nom des gâteaux. Alors qui suis-je ?

- Je suis ronde, plate et couverte de fruits. Qui suis-je ?
- Je suis petite, ovale, croustillante, et dans mon nom, il y a celui d'un animal. Qui suis-je ?
- Je suis très haute, on me mange pour les baptêmes et les mariages. Qui suis-je ?

Réponses : la tarte ; la langue de chat et la pièce montée

3 Plage 14

Faux jumeaux

Certains mots se prononcent de la même manière mais ne veulent pas dire la même chose. Regarde les dessins et trouve pour chacun un autre mot.

- Les mûres.
- Le verre.
- Le seau d'eau.

Réponses : le mur de la maison ; le ver de terre ; le saut de puce

ÉCOUTE ET JOUE

4
Plage 15

Vrai ou faux ?

- Lucas a eu l'idée de fabriquer la crème chantilly en voyant des moutons blancs. Vrai ou faux ?
- Dans sa charlotte, Lucas a mis des mûres. Vrai ou faux ?
- Lucas s'est servi de sa toque pour faire un moule. Vrai ou faux ?

Réponses : vrai ; faux ; vrai

5
Plage 16

Où sont les gâteaux ?

Combien de fois vois-tu écrit le mot « GÂTEAU » ?

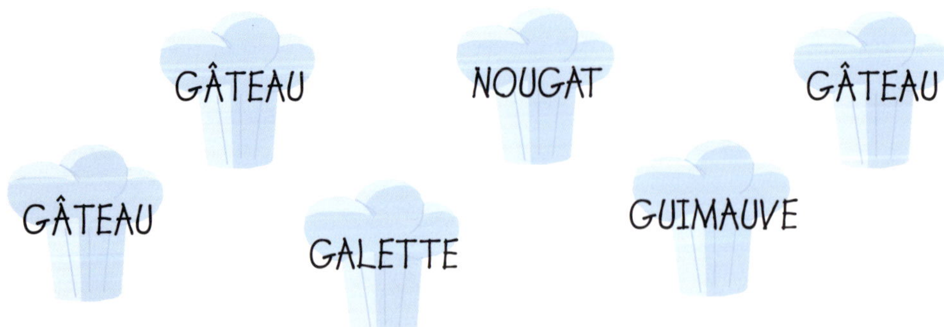

Réponse : le mot GÂTEAU est écrit 3 fois.

6
plage 17

Fine oreille

Parmi tes cartes-mots, trouve les deux suivantes :
« fouet » et « biscuit ».
Maintenant, écoute bien, je vais te lire des mots
et tu dois dire s'il rime avec « fouet » ou « biscuit »

- Jouet.
- Nuit.
- Piquet.

Réponses : jouet/fouet ; nuit/biscuit ; piquet/fouet

ÉCOUTE ET JOUE

7 Plage 18 — Des mots tout tordus

De temps en temps, Lucas se met à mélanger les syllabes. Aide-le à parler correctement.

- Je vais faire un bon gâteau au « cholocat ».
- Et puis je le recouvrirai de crème « chanllity ».
- Zut alors, j'ai perdu mon rouleau à « pâssiterie » !

Réponses : chocolat ; chantilly ; pâtisserie

A — Joue avec tes cartes-mots

Parmi tes cartes :

- Trouve trois mots qui commencent par le son [ch].
- Montre-moi deux cartes qui représentent des ustensiles du pâtissier.
- Trouve deux mots où il y a un accent en forme de chapeau « ˆ ».

Réponses : chou/charlotte/chocolat ; le fouet/le rouleau à pâtisserie ; pâtissier/mûres

COMPTINE

Lucas, le petit pâtissier
découpe en étoiles en soleils
des gâteaux appelés merveilles
Tous les gourmands sont très contents !

Refrain
Lucas le petit pâtissier
ohé, ohé
fait toujours le même gâteau
eho, eho
il a décidé d'inventer
ohé, ohé
mille gâteaux vraiment nouveaux
eho, eho !

Mais Charlotte n'aime pas les merveilles
elle trouve que c'est toujours pareil
pour elle, il va partir bientôt
chercher des idées de gâteaux !

refrain

Tarte aux pommes ou langues de chat ?
choux à la crème ou chocolat ?
il y en a pour tous les goûts !
Même une pièce montée, c'est chou !

Refrain

L'école

L'éléphant

L'été

L'extraterrestre

L'hippopotame

La danse

L'oiseau

La fée

Le bain

La bibliothèque

Le restaurateur

L'hiver

L'ours polaire

La forêt

La mer